让孩子

赢在眼界

谷雨 编著

北京日报出版社

图书在版编目（CIP）数据

让孩子赢在眼界 / 谷雨编著 . -- 北京 : 北京日报
出版社 , 2024.12. -- ISBN 978-7-5477-5096-4

Ⅰ . G782

中国国家版本馆 CIP 数据核字第 20242UU975 号

让孩子赢在眼界

出版发行：北京日报出版社

地　　址：北京市东城区东单三条8-16号东方广场东配楼四层

邮　　编：100005

电　　话：发行部：（010）65255876

　　　　　总编室：（010）65252135

印　　刷：德富泰（唐山）印务有限公司

经　　销：各地新华书店

版　　次：2024年12月第1版

　　　　　2024年12月第1次印刷

开　　本：710毫米×1000毫米　1/16

印　　张：8

字　　数：100千字

定　　价：59.00元

在这个日新月异的时代，各种信息如潮水般涌来，让人目不暇接。对于作为未来探索家的孩子们来说，他们的未来拥有无限的可能性。在通往未来的路上，有一种力量，虽然无形却异常强大，它能够引领孩子们跨越认知的边界，激发出更加强大的潜能，那就是一个人的见识和视野，即眼界。

眼界，不仅仅是目之所及的风景，更是心灵所能到达的广阔天地。它关乎一个孩子对世界的理解、对未知的好奇以及面对挑战时的勇气与智慧。一个拥有开阔眼界的孩子，能够站在更高的视角审视问题，用更宽广的胸怀拥抱变化，以更加创新和包容的心态去探索、学习和成长。培养开阔的眼界需要时间的积累，也需要知识的滋养，更需要经验的磨砺。关于孩子们的启蒙和教育，每个人都责任重大，如何为孩子们打开一扇扇通往广阔世界的大门，成为一代又一代人共同的研究课题。

正是基于这样的思考，《让孩子赢在眼界》这本书应运而生。本书旨在通过丰富多彩的内容和形式，为孩子们搭建起开阔眼界的"瞭望塔"，让他们在轻松愉快的阅读中，不知不觉间拓宽视野、增长见识、提升自我。

"情景小剧场"板块中，我们精心设计了一系列生活化的情景故事，希望通过情景再现的方式引起孩子们的情感共鸣，让他们自主地树立正确的价值观，并激发他们的同理心和责任感。

　　"眼界小课堂"以师生对话的新颖形式，代替以往枯燥、生硬的道理说教，将概念、话题、事理用情境演绎的方式进行解析、归纳、总结，极具生动性、趣味性，也更容易被孩子们接受。

　　"眼界故事会"精选了古今中外历史上的经典故事和人物传记，通过讲述这些故事，引导孩子们从历史的长河中汲取智慧与力量，这本身也是一种开阔眼界的方式。除此之外，这些典故还能教会孩子们明辨是非，并帮其培养高尚的道德情操和诗意的人文情怀。

　　"眼界训练屋"则是一个互动式的学习空间，一方面对当前章节内容进行概括梳理，强化记忆；一方面设计各种思维训练和实践，鼓励孩子们动手动脑，将所学内容应用于实际生活中，并锻炼孩子们的领悟力和举一反三的能力。

　　可以说，《让孩子赢在眼界》这本书把趣味情境、思考探究、实践活动、心得体会作为内容精髓，有利于孩子们多角度、全方位开阔眼界，是孩子们成长道路上的良师益友。读完这本书，孩子们终究会理解，只有眼界更宽阔，他们的道路才会更加宽广，生活才会更加精彩，未来才会更加光明灿烂。

目 录

**眼界
决定未来**

站得高，
才能看得远

「未雨绸缪」——为未来播下智慧的种子

　　秋秋为人聪明，眼光独到。此前，学校举办手工制作比赛，当其他同学纷纷选用纸张、黏土制作手工品时，秋秋将目光投向那些被闲置的旧衣物上。经过一番精心剪裁、缝制，她赋予旧物全新的"生命"，一个别具一格的布偶玩具就此诞生。不出所料，这份兼具环保理念与创意的作品，吸引了老师和同学们的目光，最终她获得了比赛一等奖。

　　秋秋知道，当下的成就只是起点，未来还有无限可能等待开拓。未雨绸缪的她将目光投向了科技领域，开始着手准备来年的科技创新竞赛。她深信，通过精心计划和不懈努力，自己一定可以在比赛中大放异彩。

眼界小·课堂

 老师，什么是"远见"呢？

"远见"是指一个人对未来的洞察力和判断力。拥有远见的人，能够提前预见未来可能发生的变化，从而做出更明智的决策。

 那远见对我们的成长有什么帮助呢？

远见能够帮助我们更好地规划未来，少走弯路。同时，它还能激发我们的创新精神，促使我们不断学习和进步。

总结

远见是通往成功的关键因素之一。我们要多读书、多观察、多思考，不断拓宽自己的视野，同时也要敢于尝试新事物，勇于接受挑战。

任氏窖粟

秦朝末年，有个负责管理粮仓的官员姓任。秦朝灭亡后，众人都忙着争夺地盘、搜刮金银财宝，任氏却独自用地窖储藏米粟等粮食。

后来，刘邦和项羽争夺天下，战乱让百姓无法安心耕种，土地荒芜，米价飞涨，粮食成了稀缺资源。此时，任氏囤积的粮食从不起眼之物变为无价之宝。人们只好拿出珍藏的金银珠宝，纷纷高价向任氏买粮。最终，任氏一夜暴富，风光无限。任氏发财后，却崇尚节俭，亲自致力于种田和畜牧之事。他以独到的眼光，在乱世中不仅实现财富的积累，更因手中有粮而内心踏实、丰盈，果然是有远见卓识的人。

您的眼光怎么这么独到呢？

那是因为我的眼睛看得长远啊。

❶ 关注社会与科技发展动态，了解未来可能的发展趋势。

❷ 积极拓展知识面，多读书、多交流，与不同领域的人分享思想和见解。

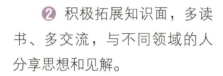

❸ 激发自己的创新精神，勇于尝试新事物，不断探索未知领域。

你认为应该如何培养自己的远见呢？

A. 只关注课本上的知识，不关注其他领域的发展

B. 多读书、多交流，了解不同领域的知识和动态

C. 跟随别人的想法，提不出自己的见解和观点

"书中自有黄金屋"——知识是最宝贵的财富

　　小丽平时最大的爱好就是读书，所以她家里的书架上摆满了各式各样的书籍。一天，班级里组织了一次关于"未来城市"的讨论会，小丽凭借自己从书中获取的知识，提出了许多新颖的观点和创意，让老师和同学们都对她刮目相看。

　　这次讨论会让小丽更加体会到了读书的好处。在后来的几次活动中，小丽都是团队里的智慧担当，甚至好几次都因为采纳了小丽提出的方案，才让团队顺利通过了考验。经过这些锻炼，小丽的知识储备越来越丰富，眼界也越来越宽，年年都是市里的优秀三好学生。

老师，为什么说"书中自有黄金屋"呢？

读书就像打开一扇扇窗户，让我们看到不同的风景和人生。通过阅读，我们可以了解世界各地的文化、历史和风俗，感受不同人群的思想和观念。古人说"书中自有黄金屋"，书中的知识就是我们的资本，是可以创造财富的钥匙。

那我们平时该怎么读书才最有效果呢？

其实，读书最有效的方法，就是做到这八点，它们分别是：专注阅读、标记关键、定期回顾、深度思考、联系实际、勤做笔记、保持好奇心、持续学习。

总结

　　读书是开阔眼界的重要途径，它能帮助我们了解世界的多样性，培养我们的全球视野和跨文化交流能力。书中的知识也能转化为我们的文化资本，那是未来获取财富的钥匙。

杨时好书

　　北宋时，有一位名叫杨时的学者痴迷于读书。一次，他和同学游酢在一个问题上发生了分歧，于是，二人就到学者程颐家里请教问题。

　　当时程颐在瞑坐休息，杨时、游酢二人只好站在屋外等候程颐醒来。那时正值数九寒冬，天上下起鹅毛大雪。等到程颐醒来，地上积雪已一尺多厚了，杨时和游酢两个人身上都堆了厚厚的雪，就像雪人一样。这就是历史上有名的"程门立雪"的故事，就因为有这样的求知欲，杨时不停地阅读和虚心求学，最终成为一代大哲学家。

❶ 阅读不同类型的书籍，拓宽自己的知识面和兴趣爱好。

❷ 定期参加读书分享会或讨论会，与他人分享读书心得和体会。

❸ 利用互联网资源，寻找更多优质的书籍和阅读资源。

下一个空闲的周末，你会选择如何度过？

A. 宅在家里，通宵打游戏

B. 去图书馆或书店挑选一本好书阅读

C. 睡懒觉一整天

"读史使人明智"——老故事中的玄机等你发现

鹏鹏从小就酷爱历史，常常缠着爸爸讲述历史故事。时间长了，他总是拿历史人物来和自己比较，并用从历史故事中学习和领悟的古代先贤们的品格和行为标准要求自己。听了"孔融让梨"的故事，他就学习孔融的谦让；听了"闻鸡起舞"的故事，他就学习祖逖的勤奋；听了"舌战群儒"的故事，他就学习诸葛亮的口才。

有一次，学校组织辩论赛，鹏鹏积极报名参加，没想到，他以多年积累的历史知识作为依据，凭借平时练就的雄辩口才，居然把对方辩到投降认输。鹏鹏"一战成名"，成了学校里的"历史达人"和"辩论能手"。

老师，学习历史和我们的眼界有什么关联呢？

历史记录了人类社会发展变迁的过程。学习历史，可以让我们了解到不同国家和地区的民族、文化、风俗、思想等。它能帮助我们更好地观察世界，形成更加全面的世界观。

那我们应该如何学习历史呢？

学习历史需要耐心和兴趣，阅读历史书籍、观看历史纪录片等都是不错的方式。另外，还可游历历史名胜古迹、参观博物馆，听人们介绍当地发生的历史故事，亲身感受历史文化的魅力。

总结

　　学习历史是开阔眼界的重要途径，它能帮助我们更好地了解过去，从中汲取经验教训，为当下的生活增添更多智慧和力量。

从谏如流的刘邦

　　秦朝末年，刘邦攻占咸阳城之后，他手下的将士们就争抢着到皇宫里和仓库中寻找值钱的东西。刘邦看到华丽的秦宫，也想留在宫中安享富贵。樊哙劝他出去住，他不听。这时张良站出来说道："主公，您之所以能来到这里，是因为秦王贪图享乐、荒淫无道。如果您刚入秦地就跟他一样贪图享乐，那不就跟秦王一样吗？俗话说'忠言逆耳利于行，良药苦口利于病'，希望您接受樊哙的劝告。"刘邦听后瞬间清醒过来，马上下令关闭宫门，立刻率军返回灞上，并下令"约法三章"，这为他在百姓心中赢得了口碑，为打败项羽奠定了基础。

❶ 学习历史，汲取前人的智慧，有助于我们更好地面对现实生活中的挑战。

❷ 在面对他人的批评和建议时，我们应该保持开放的心态，虚心接受并认真思考。

❸ 不断学习、不断进步，才能不被时代淘汰。

以下哪种方式最有助于直观地感受和了解历史？

A. 阅读历史小说

B. 观看历史题材的电影

C. 参观历史博物馆

D. 听历史故事音频

"我想去看看"——旅途中有不一样的风景

丽丽总是看上去很忙，周末经常跟着爸爸出差旅行，因此见识非常广博，朋友也遍布世界各地。旅行结束后，她还会和这些朋友互相写信、通电话，沟通日常学习生活，分享趣闻。正因如此，丽丽学会了多国的语言，英语、法语、日语……丽丽简直就是个小小的"翻译机"。

一次，学校来了一批德国友人参观交流，丽丽被推选为小翻译代表，参与接待和简单的口语翻译工作。丽丽不但出色地完成了任务，还给外国友人留下了非常深刻的印象，因此获得了一枚纪念奖章。丽丽从此立下一个志向：她要努力学习成为一名文化交流的使者，为祖国做出自己的贡献。

老师，旅行和眼界有什么联系呢？

旅行是让我们打开眼界的万花筒，不仅可以让我们亲身体验不同的风土人情，还能让我们在观察、思考中增长见识。在旅行中会遇到各种各样的人和事，这些都会成为我们宝贵的财富，帮助我们拓宽视野。见得多了，眼界自然也就宽了。

我明白了，原来旅行还有这么多好处。明天正好是周末，我要去市里旅行！

业余时间旅行不仅可以放松身心，还可以充实自我、开阔视野，可谓一举两得，但可别太贪玩而忘记写作业啊！

总结

旅行不单是一种休闲方式，也是一种学习方式。通过旅行，我们可以亲身体验不同地域的风土人情和历史文化，从而增长见识和开阔眼界，这也是一种成长。

马可·波罗的东方之旅

　　马可·波罗是意大利著名的探险家和商人，他通过旅行增长了大量的见闻。年轻时，马可·波罗就已经跟随父亲和叔叔踏上了通往东方的旅途。最终，他历经艰难险阻，来到了神秘的东方古国——中国，在十七年中游历中国各地。

　　马可·波罗眼里的中国，有繁华的都市、宏伟的建筑、丰富的文化，是一个让他眼界大开的国度。回到家乡后，经他口述、由朋友记录而形成著名的《马可·波罗游记》，他在书中详细描述了自己在中国和其他亚洲国家的所见所闻。最终，这部游记引起了西方巨大的轰动和关注，至此中国及神秘的东方世界成了西方人向往和憧憬的地方。

眼界演练屋

❶ 旅行可以让我们亲身体验不同地域的文化、历史和人文环境，是打开眼界的钥匙。

❷ 旅行中会遇到各种各样的人和事，这些会成为我们增长见识的宝贵财富。

如果有机会去旅行，你觉得选择哪里能更有收获？

A. 去附近的公园烧烤野餐

B. 去非洲看野生动物、体验原始部落文化

C. 去游乐园玩耍，到动物园看老虎、大象

眼界
拓宽思路

眼界越广，
思路越宽

"我有个问题" ——好奇心是探索的动力

聪聪和乐乐是一对好朋友，聪聪总是对周围的事物充满好奇，遇事就喜欢刨根问底。但乐乐对很多事情都习以为常，没有什么探索欲望。聪聪因为虚心好问，积累了大量知识。他还参观了许多展览，眼界也变得越来越开阔，而乐乐仍然停留在自己的小世界里，没有什么进步。后来，聪聪还去参加了电视台举办的百科知识竞答节目，小小年纪竟然比大人的知识还丰富，拿了个第二名，这让乐乐羡慕坏了。后来，乐乐再也不嘲笑聪聪了，他也开始向聪聪学习，不停地思考和提问了。

老师，保持好奇心有什么好处呢？

玲玲，好奇心驱使我们去了解未知的奥秘、探索新奇的创造。正是因为有好奇心，我们才能不断去学习、去实践，从而发现新的知识和技术。好奇心是创新的源泉，也是推动我们不断前进的内在力量。

我明白了。正是因为科学家们怀有强烈的好奇心，所以才促使他们勇于去研究、去尝试。

是的，好奇心是每个人内心的小火种，只要我们用心呵护，它就能点燃我们的探索之路。

总结

好奇心是人类探索未知和创新的原动力，能够激发人们的求知欲和探索精神，是推动社会进步和发展的重要力量。

水滴石穿

童第周是我国的"克隆之父"，培育出了世界上第一条克隆鱼。他从小就对身边的事物充满好奇心，每当他遇到不懂的问题，总会跑到父亲身边问个不停。一天，他注意到屋檐下的石阶上有一排小坑，心中满是疑惑，便跑去问父亲。父亲笑着解释说："这就是'水滴石穿'的道理。"

一次，童第周对去私塾读书产生了厌倦心理，父亲便语重心长地对他说："水滴虽小，却能把石头打穿。你的毅力难道还比不上小小的水滴吗？"说着，父亲写下"滴水穿石"四个字赠予他，希望他能铭记在心，永不放弃。童第周听后，心中燃起了斗志，坚定地点了点头。

❶ 好奇心能激发我们的求知欲，让我们不断探索未知。

❷ 培养好奇心，需要我们保持对周围事物的好奇和关注，勇于尝试和提问。

如果你看到一只从未见过的昆虫，你会怎么做？

A. 害怕地躲开，不再关注

B. 好奇地观察，尝试了解它的特点

C. 把它捉住，然后随意丢弃

「我有个新思路」——多方思考能开阔思维

晓晓喜欢画画，每到周末她就会和同学一起到野外练习写生。周五那天，老师布置了周末的绘画作业，要求同学们画一幅风景画。

第二天，晓晓就约了几个同学来到附近的公园写生，大家一直画到傍晚才收拾东西准备回家。然而，晓晓意外打翻了颜料，画布上的天空被染成了绿油油的一片。显然重新画已经来不及了，晓晓灵机一动，她把天空改成了绿意盎然的竹林，还有几点散落的颜色，被她改成了灵动的小鸟，这让整幅画的意境变得更加美妙了。老师知道这幅画的来龙去脉之后，赞叹道："看来，换个思路，从不同的角度思考问题，坏事也能变成好事。"

眼界小·课堂

老师，什么是发散思维呢？

发散思维又叫"扩散思维"或者"辐射思维"，是一种创造性思维，一种从一到多的思维过程，比如可体现为一题多解、一物多用等，也就是能够克服思维定式，从多角度思考问题。

那培养发散思维能力对我们有什么帮助呢？

玲玲，从多个角度思考问题可以帮助我们打破传统的思维模式，比如可以逆向思考问题，发现不同的解决方案：一般从水里救人是使人脱离水，司马光救人是打破水缸，使水脱离人，这就是逆向思维。

总结

　　从多角度思考问题，可以将问题分解开来，帮助我们更全面地认识事物，发现不同寻常的解决方案。

"发明大王" 爱迪生

爱迪生被誉为"发明大王"，他的成功不只源于他的聪明头脑，更离不开他对事物的观察和创造性思维，特别是发散思维和多角度思考问题的方式。

爱迪生在改进电灯（即最早的白炽灯）的过程中，从灯丝材料、使用寿命等多个方面进行研究和实验。他没有局限于传统的白金丝、铜线等材料，而是尝试了上千种不同的材料，最终发现用碳化了的竹丝做灯丝的材料，可以大大延长灯泡的使用时间。直到后来，钨丝灯泡才替代了竹丝灯泡，并沿用至今。爱迪生从不同方面思考解决问题的创新思维，让他在发明创造上不断取得突破，成为一位伟大的发明家。

① 培养自己的求知欲和探究精神，勇于尝试新方法和新思路。

② 面对问题时，从多个角度进行思考，积极运用不同方法和策略解决问题。

③ 平时可以尝试将问题分解，逐个有针对性地思考和解决。

卫星虽然复杂，但每个部分都有专家去攻克，难题就是这样解决的！

如果你遇到了一个难题，你会如何解决它？

A. 放弃并等待别人帮忙解决

B. 坚持一个解决方案并尝试解决

C. 从多个角度思考并尝试不同的解决方法

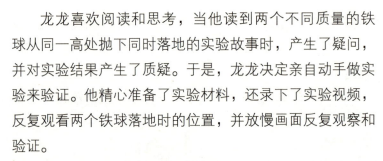

"老师，我觉得不对" ——有时质疑也是一种学习

龙龙喜欢阅读和思考，当他读到两个不同质量的铁球从同一高处抛下同时落地的实验故事时，产生了疑问，并对实验结果产生了质疑。于是，龙龙决定亲自动手做实验来验证。他精心准备了实验材料，还录下了实验视频，反复观看两个铁球落地时的位置，并放慢画面反复观察和验证。

结果，龙龙得出了和伽利略相同的答案，为此他还写了一篇实验心得，在班会上和同学们作了分享。老师对他的质疑精神提出表扬，同学们也很佩服他做实验的勇气，纷纷表示要向他学习。从此，龙龙更加喜欢思考和实验，知识也越来越丰富，眼界也变得越来越开阔了。

老师，别人都说要保持怀疑精神，难道接受现成的知识不好吗？为什么还要怀疑呢？

玲玲，怀疑并不是为了颠覆常识，而是为了探索未知和追求真理。它让我们不满足于表面的答案，而是深入探索事物的本质。只有通过怀疑和验证，我们才能发现新的知识和规律。

保持怀疑精神，要怎么做呢？

首先，要敢于提问，不要害怕别人会觉得问题很简单或者觉得你很愚蠢。其次，要学会独立思考，不盲目相信他人的观点。最后，要勇于实践，通过实验和观察来验证自己的猜想。但是，凡事都有度，不要特意去质疑所有事物，否则那就不是持有怀疑精神，而是"抬杠"了。

总结

　　怀疑是一种有益的思维方式，是发现缺陷、谬误，寻找真知、真相的必经之路。培养怀疑精神，我们需要敢于提问、独立思考和勇于实践。

哥白尼的质疑

在古老的欧洲，人们相信地球是宇宙的中心，然而，在波兰天文学家哥白尼看来，这个"地心说"却难以解释许多天文现象。他不停地思考着这些问题，并质疑这一学说的科学性。他开始潜心研究，仔细观测天象，对比数据，不断尝试新的解释，经过无数次的思考与验证，终于提出了一个颠覆天文界的大胆学说——"日心说"，并在他的伟大著作《天体运行论》中阐述了他的观点。尽管面临着巨大的压力与挑战，但他依然坚守自己的信念，他勇敢地将日心说公之于众，为现代天文学的发展奠定了坚实的基础。

① 在学习过程中，我们要敢于提出自己的疑问和观点。

② 保持独立思考的习惯，培养勇于实践的品质，这些是培养怀疑精神的关键。

如果你在书本中发现了两个自相矛盾的观点，你会怎么做？

A. 忽略这个观点，继续阅读

B. 随便相信其中一个观点，否定另一个观点

C. 记录下这两个观点，并尝试通过其他途径验证其真实性

"我是这样想的"——独立思考才会有进步

　　小文一直有一个特别不好的习惯，那就是遇到问题时，总是习惯性地依赖别人的帮助，从来不去尝试自己思考和解决它们。

　　为了培养他独立思考的能力，老师和家长鼓励他参加了一个小发明比赛，要求很简单，就是要参赛者独立完成作品。通过这次活动的锻炼，小文从被动依赖变成了主动探索，最终独立完成了自己的作品——简易太阳能发电装置。他的小发明在比赛中引起了评委老师和同学们的关注，还获得了比赛的三等奖。这次经历让小文明白了独立思考的重要性。从那以后，他遇到问题总是先自己思考，想办法解决。他发现，原来自己也可以这么棒！

原来，我自己是这么强大。

眼界小·课堂

老师，请问这道题怎么解？

玲玲，你自己有没有解题思路呢？

还没有，我觉得自己思考浪费时间，老师直接讲给我听不是更有效率吗？

玲玲，独立思考才是拥有自己思想的开始。我们不能总是被动地接受别人的观点，而应该学会主动思考和探索。只有通过独立思考，我们才能更深入地理解知识，发现新的规律，甚至创造出新的东西，这对你们的学习和成长都非常重要。

总结

不过于依赖他人，能独立思考是开启智慧之门的钥匙，它让我们在知识的海洋中自由翱翔，不断发现新的领域和可能性。

司马光砸缸

　　宋朝有个叫司马光的少年，他聪明、机智，遇事沉着冷静，善于思考解决问题。一天，一个小孩玩耍时不慎掉进一口装满水的大缸里，生命危在旦夕。其他孩子被吓得惊慌失措，只有司马光显得非常冷静。经过短暂的思考，司马光果断地搬起一块大石头，用力砸向大缸。缸壁应声而碎，被砸出一个大窟窿，缸里的水立刻顺着缺口流出，那个孩子终于得救了。

　　司马光之所以能够成功地挽救落水孩子的生命，是因为他小小年纪就能沉着冷静、临危不乱，有独立思考的好习惯。司马光砸缸的事迹被后人广为称颂，他也不负众望，成为一代名臣和著名的史学家。

① 敢于发现和探索，不盲目接受他人的观点，独立思考能够让我们更深入地理解知识，发现新的规律。

② 要多动手实践，通过实际操作来验证自己的想法。

③ 要善于归纳、总结和整理，把学到的知识系统化、条理化。

如果你在学习中遇到难题，你会怎么做？

A. 直接问老师或同学，寻求答案

B. 自己先尝试思考，如果实在想不出来再寻求帮助

C. 放弃这个问题，不再思考

眼界
影响心态

有容乃大，方能成大事

「别担心，请随意」——最大的成就是能包容

　　晓彤很喜欢地理和历史，她从各种书籍中了解了祖国这一大家庭中各民族及各地的风土人情，积累了许多非物质文化遗产的知识。一次，学校里来了一群特殊的客人——来自远方的少数民族的同学们到此参观学习并表演节目。其中一位叫小李的少数民族同学拿出了家乡的特色美食，但由于一个同学开玩笑让小李觉得不被尊重，所以他很伤心。

　　这时，晓彤走上前来安慰他，通过她的解释，双方的误会很快被解开，这个同学向小李道了歉。小李也知道了同学们的善意，接受了道歉，大家忘掉不愉快，很快成为好朋友。由此可见，面对误会，双方的包容和理解显得尤为重要。

老师，您总说"文化包容"，到底什么是"文化包容"呢？

文化包容就是兼收并蓄、博采众长，尊重并接纳不同文化之间的差异，欣赏各种文化的独特之处，能够"各美其美，美人之美，美美与共"。比如尊重不同文明的信仰、生活习惯、处事方式等等。

 那文化包容对我们有什么好处呢？

文化包容可以让我们更加全面地了解世界，拓宽我们的视野，增进不同民族之间的友谊和合作，为未来的发展打下坚实的基础。

总结

　　文化包容能够开启心灵的窗户，让我们能够以宽广的胸怀善待世界，欣赏世界的多彩多姿，成为更有眼界和包容心态的人。

玄奘西行东归

　　唐朝，是中国历史上最为辉煌灿烂的朝代之一，充满文化包容的精神，勇于吸收外来文化。典型的例子是如今家喻户晓的玄奘去西方取经的故事。当时朝廷禁止百姓出境，玄奘偷越边防西行。

　　在漫长的旅途中，玄奘接触到了形形色色的人和各种文化，他始终保持着包容和学习的态度。他以一颗开放的心，虚心地向他们请教，尊重他们的文化，并与他们建立了深厚的友谊。

　　最终，玄奘将印度的佛教文化带回中国。唐太宗不仅没有追究他"私往天竺"的事，还急切地想了解西域各国的境况，于是玄奘口述《大唐西域记》，为东西方文化的交流做出了巨大贡献。

❶ 尊重并接纳不同文化之间的差异，是文化包容的重要表现。

❷ 接触和了解不同地域的文化，可以开阔我们的眼界，增强我们的跨文化交流能力。

❸ 在与不同文化背景的人交流时，我们应该保持开放和包容的态度，避免产生偏见和歧视。

在与其他国家的朋友交流时，以下哪种做法最能体现文化包容？

A. 只谈论自己熟悉的文化和话题

B. 尊重对方的文化和习俗，并尝试了解和学习

C. 对对方的文化和习俗持批评和否定的态度

"我想听听你的想法"——意见不同那就求同存异

大洪是班里的班长，班会日这天，他组织班干部商量班里同学野游的事项。几位班干部纷纷提出自己的建议，很快就针对地点选择、食材种类及游戏项目等问题展开了热烈的讨论，互不相让。

大洪打断大家的争吵，说："我们应该少数服从多数，否则事情没办法解决。先确定野餐的基本需求，比如食物与食材等。然后再投票选择一个大家都比较满意的地点。这样求同存异，你们说怎么样？"大家觉得他的话很有道理，纷纷点头认可。

最终，大家投票决定去公园野餐，他们分头准备了各自喜欢的食材和游戏器具。这次野游活动非常成功，大家都玩得很开心。

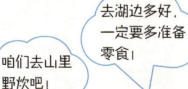

老师，最近要召开班会，但是班干部们对班会主题产生了分歧，该怎么办呢？

玲玲，一个团队中，不同的意见能提供更多的信息和选择，让大家更全面地看问题。包容不同的声音，能让我们彼此加深了解，还可以促进团队的和谐与进步。

哦，那我们应该如何包容不同的意见呢？

首先，要学会尊重他人的观点，哪怕我们并不完全赞同；其次，要善于倾听和总结，理解他人提出自己想法的缘由。最后，要做到求同存异、取长补短，以达到共同解决问题的目的。

总结

包容不同意见是团队合作中非常重要的事情。通过互相尊重、互相理解、耐心倾听和沟通，达到集思广益、促进团队更好地合作、共同完成任务的目的。

火烧赤壁

　　"火烧赤壁"是《三国演义》中的著名故事，可谓家喻户晓，它讲述的是三国时期，吴蜀两方联合起来击退曹魏大军的故事。

　　故事中，刘备与曹操在长坂坡发生了一场战役，刘备大败逃往江东。随后，曹操率领大军一路南下，意图一举消灭刘备和盘踞在江东的孙权势力。然而，刘备和孙权并不想坐以待毙，最终决定携手共度这次危机。

　　在双方人马的配合之下，成功用火攻重创了曹操大军，上演了一场以少胜多的军事奇迹。之后，曹操被迫败走华容道，还差点因此丢掉了性命。

❶ 在团队中，我们应该倾听并尊重他人的观点，搁置争议。

❷ 面对不同的意见时，应该保持冷静和理性，避免情绪化的回应。

❸ 通过沟通和讨论，找到共同点，共同解决问题，促进团队的协作与和谐。

如果你和朋友在讨论一个话题时产生了分歧，你会怎么做？

A. 坚持自己的观点，不接受对方的看法

B. 生气地指责对方，认为对方是错的

C. 尊重对方的观点，倾听并尝试理解对方的想法，然后一起寻找解决方案

『真的没关系』——选择原谅显示宽容之心

　　小慧是个心地善良、性格开朗的小朋友，她的同桌小杰则是一个平时总爱调皮捣蛋的孩子。小杰平时就爱搞一些恶作剧，同学们都有点害怕和讨厌他，所以大家看到他都躲得远远的。没有人乐意和小杰坐在一起，所以小慧就自告奋勇和小杰做了同桌。但是自从小慧和小杰做了同桌以后，小杰就变得安静了，不但不恶作剧了，还变得好学习了。原来，当他得知小慧是自愿做他的同桌时，心里十分温暖，后来和小慧朝夕相处，才逐渐意识到了自己的错误，从此再也不会像以前那么调皮捣蛋了，是小慧的举动彻底改变了他，是小慧的宽容感化了他。

眼界小·课堂

老师，什么是宽容呢？

宽容就是原谅别人的不足，它是一种豁达的心胸，也是一种善于理解他人的品质。善待他人，正是心胸宽广、格局远大、眼界开阔的最好体现。

为什么宽容他人，就是眼界开阔呢？

因为，当一个人能够放下偏见和固执，愿意去了解和接纳不同的人和事时，说明他具备尊重、接纳、容忍、同情等优秀品质。这些品质让他们能够接纳不同的观点和文化，从而更加自信地面对生活中的挑战和困难，获得更加丰富的人生阅历。

总结

宽容能让人丢掉偏见和固执，接纳不同的观点和文化，不断积累更丰富的人生阅历和智慧，从而不断开阔自己的眼界。

狄仁杰的胸怀

狄仁杰是武周时期著名的清官，他清正廉洁、为人宽厚，深受武则天的信任和百姓的敬仰。

一次，武则天突然问狄仁杰："爱卿啊，你在汝南做官的时候，曾经施行了很多利国利民的善政，但却有人说你的坏话诋毁你，你想知道这些人的名字吗？"狄仁杰听后毫不在乎地说："假如我有错，就请陛下允许我改正它们；如果您知道我没有这些错误，那就是我的幸运，我自然心里坦坦荡荡。为什么要知道具体是谁呢？"武则天听后对他大加赞赏，夸他是个大度的人。

你想知道谁在说你的坏话吗？

有则改之，无则加勉，是谁说我的坏话并不重要。

眼界演练屋

❶ 学会尊重和理解与自己不同的人和事，培养包容的心态。

❷ 积极拓展自己的兴趣爱好和知识面，通过阅读、旅行等方式拓宽眼界。

❸ 虚心向他人学习，无论对方是谁，都应该看到他的优点和长处。

在以下情境中，哪一种行为最能体现宽容的态度？

A. 比赛中因为队友的失误而大声斥责队友

B. 同桌的书本散落在地上，主动帮忙捡起来

C. 在考试中因为同桌不小心碰掉了你的笔而生气地向老师举报他作弊

D. 在小组讨论时，即使他的观点被其他人反驳，也保持冷静并尊重他人的意见

"你的爱好真酷"——朋友的爱好可以包容互鉴

　　明明和昊昊原本是一对好朋友，明明喜欢电脑编程，而昊昊喜欢美术。因为爱好不同，他们竟然变成一对"小冤家"，逐渐很少来往了。一次，明明决定参加一个制作电脑游戏的比赛，虽然他懂编程，但却不懂美术，没法进行游戏场景和人物特效设计。于是，明明主动找到了昊昊，道歉后他邀请昊昊做他的设计师。昊昊很痛快地答应了，两个人又形影不离地在一起，整天忙着制作电脑游戏的事情。明明教昊昊学编程，昊昊教明明学画画，两个人取长补短，很快就完成了游戏设计，他们的设计还获得了第一名的好成绩。

眼界小·课堂

老师，我们每个人都有自己的爱好，但有时候朋友的爱好和我不一样，我该怎么做呢？

玲玲，其实不同的爱好之间并不冲突，如果能够接受甚至融入别人的爱好，不是会让我们的世界更加丰富多彩吗？

我明白了，我们应该互相尊重对方的爱好，甚至学习别人喜欢的事来增长自己的见闻，是这样吗？

是的，包容和尊重他人的爱好，向他人学习，才会使我们的眼界更加开阔，对自己的成长也有很多好处呢。

总结

　　包容不仅是对别人错误的谅解，也包括对他人爱好的包容，那也是一种胸怀和眼界。如果能够学习和融入别人的爱好，不仅能加深友谊，还能提升自己，这是一举多得的好事情。

"跨界"的友谊

在中国近代艺术界，有两位鼎鼎有名的人物，一位是国画大师齐白石，另一位是京剧大师梅兰芳。

尽管他们所从事的领域不同，但却成了一对挚友，经常在一起相互交流和学习。梅兰芳对书画艺术有着浓厚的兴趣，还曾经拜师齐白石学习国画，他还从国画中领悟到很多有益于舞台创作的灵感。齐白石也十分欣赏梅兰芳的人格，还曾经亲自为梅兰芳研墨作画。

梅兰芳与齐白石之间的情谊亦师亦友，充分展现出不同爱好之间的相互包容与欣赏。正因为这段"跨界"友谊，让他们能够从彼此身上汲取长处，从而为各自的艺术成就锦上添花。

眼界演练屋

❶ 兴趣爱好没有高低贵贱之分，不要嘲笑或贬低他人的兴趣爱好。

❷ 尝试欣赏和学习不同的特长，让自己的视野更加开阔。

❸ 在与朋友相处时，积极分享自己的爱好，同时也耐心倾听他们的爱好，增进彼此的了解。

当你发现你的朋友喜欢一种你并不感兴趣的爱好时，你应该怎么做？

A. 嘲笑他，说他浪费时间

B. 尊重他的爱好，并尝试了解和学习

C. 避而不谈，保持距离

眼界
代表学识

越博学的人,
越谦虚

『学而时习之』——知识源于日积月累

　　佳佳和乐乐是一对好朋友，但他们对待学习的态度却一点都不一样。佳佳每天利用一切时间学习和积累知识，而乐乐却任性贪玩，逐渐地和佳佳拉开了差距。

　　期末考试结束后，佳佳成绩优异，还被评选为本学期的三好学生，乐乐看着自己惨淡的成绩单，心里很不是滋味。放学后，乐乐诚恳地问佳佳："佳佳，咱们一起上下学，为什么你的成绩会这么优秀呢？"佳佳拍了拍乐乐的肩膀，说："因为我每天都坚持学习并及时复习，这就是日积月累的力量啊。我们一起加油吧，你也可以的！"

老师，"学而时习之，不亦说乎？"是什么意思呢？

这句话的意思就是，经常复习学过的知识，不也是高兴的事吗？它告诉我们要坚持学习，哪怕巩固旧知识也是快乐的事情。

老师，为什么持续学习这么重要呢？

世界每时每刻都在发生变化，知识也在不断更新。持续学习就像给大脑充电，让我们能够跟上时代的步伐。这不仅能提升我们的能力，还能拓宽我们的视野，让我们的人生更加丰富多彩。

总结

　　"学而时习之""温故而知新"，持续学习是适应时代变化、实现个人成长的重要途径，它赋予我们解决问题的能力，拓宽我们的视野，并激发我们的创造力。

王羲之的故事

  大书法家王羲之从小就酷爱书法，时刻都在钻研书法技巧，相传他练字用坏的毛笔堆成了"笔山"，洗笔的水池也变成了"墨池"。

  相传，有一天王羲之正聚精会神地在书房里练字，家人为他准备了平时最爱吃的饭菜，并送进了书房。尽管家人一再催促王羲之吃饭，但他好像没有听见一样，依旧自顾自地埋头写字。

  过了一会儿，等家人再回到书房的时候，他们惊讶地发现王羲之竟然拿着一个蘸满墨汁的馍馍正在往嘴里送，嘴上黑漆漆的都是墨水。原来，王羲之练字练得太过投入，竟把墨汁当成了酱汁。

❶ 保持对知识的专注和好奇心，勇于探索未知领域，不断拓宽知识边界。

❷ 面对挑战和失败，保持积极心态，从中学习并不断进步。

❸ 制订学习计划，坚持每日学习，积少成多，逐步提升自我。

以下哪种行为是良好的学习习惯？

A. 每天都玩电子游戏，认为这是了解最新科技的方式

B. 利用周末时间参加线上跨文化交流研讨会，学习不同国家的文化和历史

C. 经常浏览社交媒体，主要关注娱乐八卦和明星动态

D. 虽然购买了多本关于天文学的书籍，但从未翻阅过

「我想请教个问题」——学习就是「取长补短」

小涛已经上四年级了，但他遇到问题总是羞于提问，所以进步很慢。

一天，好友龙龙和他一起做作业。当做到与分数相关的题时，小涛有点不知所措，憋得满头大汗。龙龙便问他怎么啦，小涛看着龙龙真诚的眼神，鼓起勇气说："嗯，我不太懂分数是怎么回事。"于是，龙龙便耐心地给他讲解。小涛这才恍然大悟，他感激地说："谢谢你，龙龙！原来这么简单，我之前怎么没想到问你呢。"

从那以后，小涛就改变了许多，他不再害怕提问，遇到不懂的就主动找老师或同学虚心请教。渐渐地，他的学习成绩有了明显的提升，还经常被老师表扬呢。

老师，什么叫"不耻下问"呢？

"不耻下问"是说，就算是不如自己的人，只要能帮助我们解决问题，我们都应该积极去请教，没有什么可羞耻的，不要觉得不好意思。

老师，取长补短、不耻下问对我们有什么帮助呢？

学问并没有大小之分，每个人都有自己擅长的领域。我们应该勇于向他人请教，不论对方的身份或年龄。这样，我们的眼界才能更加开阔，知识才会更加丰富。

总结

　　勇于向他人请教，包括向那些看似不如自己的人请教，是拓宽视野、丰富知识的有效途径。"不耻下问"的精神鼓励我们打破界限，积极寻求帮助和学习的机会，从而不断提升自己。

孔子拜项橐为师

　　孔子是春秋时期的大教育家，也是后人崇敬的"圣人"，即便他已经名满天下，但他依然保持着谦逊好学的态度。

　　一天，孔子带着众弟子驾车外出游历，却被一个用泥土筑城的孩子挡住了去路。孔子走上前去问那个孩子为何不让路。那个孩子却答道："只听过车让城的，没听过城让车的！"孔子觉得这个孩子不一般，就想出题考考他，谁知孩子不仅对答如流，还反问了孔子好几个问题。孔子一下子都不知道怎么回答，不禁赞叹道："真是后生可畏啊！"然后，孔子便虚心向孩子请教，并以老师相称，从此世间就多了一段"孔子师项橐"的佳话，并一直流传至今。

❶ 勇于提问，不要怕被嘲笑或轻视，因为每个问题都可能引领我们发现新知识。当我们勇敢地提出问题时，便开启了探索未知的大门。

❷ 尊重他人，认识到每个人都有独特的见解和价值，可以向任何人学习和请教。世界是多元的，每个人都有自己独特的人生经历和思考方式。无论是长辈的经验之谈，还是同伴的新颖观点，都值得我们用心倾听。

❸ 保持好奇心，不断探索未知领域，让自己的眼界更加宽广。从浩瀚的宇宙到微小的细胞，从古老的历史到未来的科技，处处都有等待我们去发现的精彩。

如果你在学习上遇到了难题，你会怎么做？

A. 放弃思考，直接等待老师讲解

B. 自己尝试解决，但遇到困难就放弃

C. 积极思考，并勇于向老师或同学请教

D. 坚持自己解出答案，不向任何人请教

"这样记得更牢"——适合自己的方法才好用

小雨是个勤奋好学的学生，她有很强的求知欲，而且她还有一套适合自己的学习方法。

平时在学习中，遇到难记的单词或者公式，小雨从来不会死记硬背，她用"谐音记忆法"记单词，除了理解公式原理，还给公式编一个谐音顺口溜，从而加深记忆。每当遇到难题，她从不急于求成地乱套公式，而是想办法先理解题意，联想做过的习题。遇到一些无法直接理解消化的知识，她还会亲自动手做实验，或是通过查阅各种相关书籍、网上搜索等方式寻找答案背后的原理。

小朋友们，你们觉得小雨的学习方法怎么样？有什么值得学习的地方呢？

老师，我发现有些知识背下来后很快就忘了，而且用起来也感觉很困难。

玲玲，那是因为死记硬背只是短暂的机械的记忆，你并没有真正理解它的含义和其中的原理。只有掌握科学的学习方法，才能帮助我们更好地理解和掌握知识，这样记忆才会更持久。

哦，我明白了！那我们应该怎么做呢？

这就因人而异了。你可以结合自身特点，尝试更适合自己的学习方式。比如：和生活中的事物联系起来，或者通过亲手做实验加深记忆等。

总结

　　死记硬背难以形成持久记忆，我们要掌握科学的学习方法。定期总结很有必要，通过这种方式不仅可以巩固所学知识，而且也能寻找到适合自己的学习方法。

实践出真知

李时珍是明代著名的医药学家，他出身医药世家，从小就对医药学产生了浓厚的兴趣。

为了确定每种药物的特性，李时珍会用不同的方法考察和验证。他不惜以身试药，用曼陀罗花酿酒喝验证其麻醉作用；他曾用猪血做实验，验证某种草药治疗淤血的效果。有一次，为了弄清楚他买来的白花蛇和蕲蛇有何不同，他就冒险跟着捕蛇人跑到山里一起捉蕲蛇。他发现，白花蛇和当地的蕲蛇很像，经过试验，蕲蛇的药效比白花蛇更好。为了让人们了解这两种蛇，他还专门写了一篇《白花蛇传》。李时珍的一生，是对"学无止境""实践出真知"的最好证明。

❶ 注重理解而非死记硬背，通过亲身实践探索知识的来龙去脉，增加知识储备。

❷ 结合自身特点总结学习方法，以提高学习效率，取得更好的学习效果。

你认为下列哪种做法最有助于提升学习效率和加深记忆？

A. 通过反复朗读和死记硬背来记忆知识点

B. 接受老师的讲解，不进行任何质疑或自我思考

C. 尝试不同的学习方法，找到最适合自己的记忆方法

D. 忽视基础知识的学习，直接跳入难题和复杂概念的攻克

「困难是弹簧」——你越强大，困难就越弱小

　　小文是班里有名的"挑战王"。一次，老师公布了一个极具挑战性的任务——制作一个自动垃圾分类的机器人。由于时间紧、任务重，同学们畏惧其难度，都不愿尝试。只有小文主动报名挑战，从此他自学编程、研究电路知识，甚至自己动手组装零件。每次遇到难点，小文总是耐心寻找解决之道，包括主动向老师和同学请教，他从没想过放弃。

　　终于，小文的小机器人如期成功地完成了首次测试，而且对垃圾的识别极其准确。这次经历让小文更加坚信：只要敢于挑战，勇于探索，就没有什么是不可能的。而他也因这份勇气和坚持，成为同学们眼中的"小能人"。

眼界小·课堂

老师，我觉得学习古文好难啊，总是记不住那些字和句子。

玲玲，学习古文确实需要耐心和毅力。首先，古文的基础积累是必要的，其次，你要尝试多读多背、多记多练，理解它的背景和意义，这样有助于提高学习古文的效率。其实，做其他事也是一样，只有积累足够的相关知识、掌握正确的学习方法，才能有更强大的能力把事情做好。想要克服困难，你就要比困难更强大。

哦，我明白了，谢谢老师！

总结

克服困难，需要坚持不懈的努力、正确有效的学习方法和积极的心态，一步一个脚印地积累自己的学识，让自己变得强大才是战胜困难的最佳途径。

悬梁刺股的故事

　　战国时期，苏秦曾立志苦读，每当夜晚困意袭来时，他就用锥子狠狠地扎自己的大腿，猛然间感到疼痛，清醒后继续读书。苏秦凭借这股毅力，最终成为历史上有名的纵横家和谋略家，给后人留下"锥刺股"的励志故事。

　　东汉时期，孙敬自幼就十分勤奋，常常废寝忘食地闭门苦读。为了克服晚上读书时的睡意，他把头发用绳子系住，另一头拴在了房梁上。只要他一打瞌睡，在头低下的瞬间，绳子就会猛拽一下他的头发，让其瞬间清醒，他就又可以继续埋头苦读了。孙敬发奋苦读，最终成为大学问家和政治家，给后人留下"头悬梁"的著名典故。

❶ 面对生活和学习中的困难，应该保持积极心态和乐观情绪，树立自己能够克服困难的自信心。

❷ 平时注意知识的积累，拓展眼界和知识面，解决问题之前先让自己强大起来。

❸ 勇于挑战自我，不断追求更高的学习目标，实现自我超越。

如果你觉得自己不可能完成一件事，该怎么办？

A. 直接告诉老师或家长你无法胜任，并解释原因

B. 勉强接受，但内心充满焦虑，不付出全力

C. 尝试分析任务，寻找可能的解决方案或寻求帮助

眼界
塑造审美

见多识广，
才会欣赏

"我赏了一幅斑斓的画"——感受绘画的魅力

　　小夏的爷爷和爸爸都是画家，他从小就对色彩和线条非常痴迷。爷爷喜欢画国画，笔墨纸砚就是他的"朋友"，他只是随便画几笔，一只灵动的鸟儿就站在了树枝上，这让小夏感觉无比神奇。爸爸最擅长画油画，那调色盘上随意挥洒的五颜六色的颜料，又让小夏打开了新世界的大门。

　　后来，小夏参加了少年宫组织的绘画比赛，他以"梦想的天空"为主题画了一幅画。他学爷爷的国画画鸟儿、学爸爸的油画画云朵，他的创意作品在比赛中获得了第一名。他捧起奖杯时说了这样一句话："真正的画家就是用眼睛看世界，眼睛可以帮我们看到形形色色的大千世界。"

老师，我想学习画画，您有什么建议吗？

太好了！绘画是一种视觉语言，它能让我们的思想脱离现实的局限，探索隐藏在心灵深处的未知领域。通过绘画，我们不仅能表达情感，还能培养和提高观察力、想象力和创造力。

原来画画有这么多好处。

当然了，只要你多观察、多思考、多实践，尝试从不同的角度看世界，多去描绘不同的事物，你的眼界也会随之提升。

总结

　　绘画是一种充满创造性和表达力的艺术活动，能激发孩子对美的感知能力，多观察、勤思考和善实践是获取灵感、提升画技的最好方法。

名画背后的故事——冯媛当熊

　　西晋张华为了劝诫和警示当时的皇后，搜集历代先贤圣女的事迹写成《女史箴》，后来东晋顾恺之据此作画，成传世之作《女史箴图》，"冯媛当熊"就是其中一个故事。说是西汉时，汉元帝观看斗兽表演时，一只大熊从栅栏里跑了出来，直奔殿前，想要袭击人。汉元帝身边的妃子们都吓得四处奔逃。这时，有个叫冯媛的女子挺身而出，拦住了大熊的去路，左右侍卫一拥而上杀死了熊。事后，汉元帝问冯媛："在大家惊惧时，你为什么上前挡熊？"冯媛说："我听说熊只要抓住一个人就会停手，我害怕熊奔到您面前，所以以身体挡住它。"汉元帝十分感动，对她大加封赏。

❶ 多观察自然界和生活中的美好事物，积累丰富的视觉素材。

❷ 学习不同艺术流派和画家的作品，了解他们的创作理念和技巧。

❸ 勇于尝试新的绘画材料和技法，不断探索和突破自己的艺术边界。

在提升艺术眼界的过程中，下列哪项做法最为重要？

A. 只专注于模仿大师的作品，不求创新

B. 广泛阅读艺术书籍，了解不同文化和历史背景

C. 随意涂鸦，不经过思考和规划

「我听了一段优美的歌」——用音符升华灵魂

小雨是个内向而敏感的孩子，她唯一的朋友就是耳机中播放的音乐。一次，学校组织了一场音乐会，小雨鼓起勇气报名参加了合唱团。当站在舞台上唱歌时，小雨感到自己的心灵仿佛被音乐插上了翅膀，飞向了更广阔的天地。从此，小雨从一个不爱说话、胆小怕事的小女生，蜕变成一个独立自主、敢说敢干的大女孩。小雨变得更加迷恋音乐，从中获得激情和力量。经过了这些磨炼，小雨感觉自己的眼界变得更加开阔，说话做事也日益成熟和稳重，就好像自己的灵魂得到了升华一样。

老师，我最近迷上了音乐，会不会有点不务正业呢？

那当然不会，音乐对你们的成长有很多好处，怎么会是不务正业呢！

老师，学习音乐有什么好处呢？

音乐能产生情感共鸣，也是增加见闻的途径之一。通过音乐能感受到不同的情感和文化氛围，从而拓宽我们的眼界和见识，丰富我们的内心世界。而音乐创作更是一种自我表达方式，它能提升我们的审美能力和创造力。你说音乐好不好？

总结

音乐对个人成长、文化交流、情感表达和创造力发展等方面都具有积极作用。音乐还能提升品位和修养，是促进个人成长的动力之一。

孔子学琴

　　孔子跟随著名乐师师襄子学琴。师襄子教孔子学弹一首曲子，孔子就每天认真地练习，已经弹了十天了。师襄子说："可以增加学习内容了。"孔子说："曲子已经熟了，但还没掌握技巧。"几天后，师襄子说："你已经会弹奏技巧，可以学新曲了。"孔子说："我还没有领会曲子的思想感情啊。"几天后，师襄子又说："你已经领会乐曲的意境、志趣，可以继续往下学了。"孔子说："我还没体会到作此曲的人是怎样的人。"不久，孔子突然仰首远望，说："我知道此人了，不是周文王谁能作此曲呢！"师襄子听后很佩服，说："我的老师也说这是《文王操》。"

❶ 尝试接触不同风格、不同地域的音乐，感受其中的情感和文化内涵。

❷ 积极参与音乐活动，提升自己的音乐素养和团队协作能力。

❸ 尝试独立创作音乐，用音乐来表达自己的情感和想法，这绝对是一次宝贵的自我发现和成长过程。

音乐能带给我们什么样的改变？

A. 只能作为娱乐消遣的方式

B. 能提升我们的审美能力，开阔眼界

C. 对学习和生活没有太多帮助

『我观了一处美丽的景』——从大自然中汲取知识

　　小悦很热爱自然，每到周末，她总爱拉着家人一起去郊外的山林里探险，不知不觉就成了班里有名的"小百科"。一次，她和几个同学郊游，无意中在路边发现了一只长相奇特的动物，正奄奄一息地趴在路边，既像狐狸又像猫。大家都不知道这是什么动物，一时间争论不休，而小悦一眼就认出它叫斑灵猫，是一种保护动物，并且她还拨打了动物保护协会的电话。于是，小斑灵猫很快就得到了及时的救护。大家都感到这件事意义非凡，真是大开眼界，小伙伴们渐渐对神奇的大自然产生了兴趣，从此小悦的身边又多了一群志同道合的朋友。

眼界小·课堂

老师，听说下个星期班级要组织郊游，我可不可以不去呢？我想在家里学习。

玲玲，为什么不去呢？郊游活动可以开阔眼界、增长阅历，这是多么好的机会啊！

郊游和我的眼界、阅历有什么关系呢？

大自然是一个知识宝库，蕴含了无数生命的奥秘，有许多我们书本上学不到的知识。大自然本身就是一本教科书、一个生动的课堂，会激发小朋友的好奇心和探索欲，郊游是探索那些奥秘的魔法钥匙。

总结

　　多与大自然接触，可以增长阅历、丰富知识储备、激发好奇心和探索欲，从而建立起对大自然的尊重和爱护，培养环保意识。郊游是对身心发展十分有益的活动。

达尔文的世界之旅

达尔文是十九世纪英国生物学家。他年轻时，曾乘坐英国海军的海洋考察船"贝格尔号"，进行了长达五年的壮丽世界之旅。旅行中，达尔文被自然界的种种奇迹深深震撼，这些为他打开了奇妙世界的大门，让他眼前一亮。他开始思考物种间的适应性与差异性，通过对每一种生物特征的细致记录、对数以万计的动植物标本进行收集，最终形成了珍贵的研究材料。正是这次旅行，让达尔文从对自然界的简单观察，逐渐升华到对生命奥秘的深刻洞察，最终出版了《物种起源》这一划时代的著作，提出了以自然选择学说为核心的生物进化论。

❶ 亲近大自然，定期参加户外活动，如徒步、野营等，观察并记录自然现象。

❷ 阅读自然科普书籍，了解生物的多样性和生态环境保护的知识。

❸ 培养对大自然的好奇心，勇于提出问题并尝试解答，通过实践验证所学。

下列哪项活动最有助于增长阅历、开阔视野？

A. 整天待在家里看电视、玩游戏

B. 每周参加一次户外徒步活动，观察并记录自然现象

C. 只在课堂上学习自然知识，不进行实践探索

「我读了一首动人的诗」——从诗歌中寻找共鸣

　　小嘉对文学情有独钟，一切都源于从小背诵的《唐诗三百首》那美妙的诗句。随着年龄的增长，小嘉对诗歌的阅读也从古代逐渐延伸到了现代。他能感受到诗人的忧愁、欢喜、悲伤甚至愤怒，字里行间所表达的思想感情也会让他产生共鸣。小嘉喜爱诗歌，他从朗诵开始学习，最后自己也学习创作。他畅游在诗歌的世界，学到了很多平时学不到的东西，眼界也逐渐放宽。自从接触了诗歌，小嘉变得更加自信了，他看待问题的角度更加多样，写作水平也大大提高了，常常文思泉涌、佳句迭出，让同学们十分羡慕。

老师，我最近听了一场诗歌朗诵，让我受益匪浅。

"你觉得有哪些收获呢？"

我觉得深受震撼，我似乎能感受到诗人的喜怒哀乐，而不仅是停留在纸面。好像感受到了发自灵魂的声音。

当然，诗歌能带给我们很多好处。它是情感的载体，蕴含着诗人对生活的独特观察和思考；诗歌可以跨越时空的界限，让我们从艺术角度了解一个时代或一个事件；诗歌还能充分激发想象力和创造力，让我们不断提升自己的思维能力和审美能力。

总结

诗歌作为人类情感、思想和智慧的结晶，以其独特的感受和语言，表达自己的所思所感和喜怒哀乐，引发读者的共鸣，从而间接促进个人眼界的拓展与提升。

眼界小·课堂

诗中的故事——苏轼与温超超

苏轼被称为"大文豪"，他的诗词旷古绝今。据《野客丛书》记载，苏轼一首词作的背后还有一个凄美的故事。当时温都监有一女儿名温超超，她爱慕苏轼，听闻苏轼来到惠州，非常高兴地与人说："他就是我要嫁的人。"当苏轼吟诗讽刺时，她常在其窗外徘徊……苏轼得知此事后，热心为其物色夫婿，准备将温超超介绍给一王姓公子。不久，苏轼被贬海南，相议的亲事未果。后来，温超超不幸去世，被葬在沙洲之畔。当苏轼返回惠州时，他才得知温超超已死，苏轼怀着失望的心情作词一首——《卜算子·缺月挂疏桐》。所谓"拣尽寒枝不肯栖"，是说温氏女少时择偶不嫁；"寂寞沙洲冷"，指她死后葬身之所。

❶ 定期阅读与鉴赏经典诗歌，尝试理解并感悟诗人所表达的情感与思想。

❷ 尝试创作诗歌，用文字记录下自己的所见所闻所感，培养自己的文学素养和表达能力。

❸ 参与诗歌朗诵或分享会，与他人交流对诗歌的理解和感悟，拓宽自己的视野和思路。

以下哪项活动最有助于增添人生感悟，开阔眼界？

A. 和要好的同学玩耍

B. 每周阅读一首经典诗歌，并尝试写下自己的感悟

C. 仅仅浏览诗歌的标题，而不深入阅读内容

眼界
改变性格

告别拖拉，
做事更有规划

明确阶段目标——化整为零，逐个攻克

我怎么没想到？

化整为零，逐个击破是个好办法。

皮皮虽然聪明伶俐，但做事总喜欢拖拉。一天，老师布置了一个为期两周的手抄报任务。皮皮刚开始不慌不忙，直到一周之后，眼看同学们纷纷展示出自己的成果，他才意识到时间的紧迫。可是，到底要从哪里入手，这又让他犯了难。一天晚上，皮皮正在下棋，他突然意识到，如果做事能像棋局一样化整为零，逐个击破，问题不就解决了吗？他决定将手抄报的作业分成不同板块，逐个完成。最终皮皮不仅按时完成了任务，还因为内容丰富、设计精美获得了老师的表扬。从此他再也不拖拉了，而是按同样的办法先完成功课，然后再高兴地玩耍。

老师，我做事总是拖延，怎么办呀？

很多孩子都会有拖延的问题。要克服它，可以尝试把任务分解成小目标，针对每个小目标去努力，这样更容易坚持，也能看到自己的进步。

听起来不错，那分阶段完成任务具体怎么做呢？

首先，明确任务的总目标和截止日期；然后，将任务分解成几个阶段，每个阶段设定具体的时间节点和小目标；最后，按照每个阶段的目标逐个攻克就可以了。别忘了，每完成一个小目标就要给自己一点"小奖励"，这样才更有动力！

总结

告别拖延症，分阶段完成任务，这样更有利于掌控时间和目标，保持动力和专注力，最终完成任务。

秦始皇统一六国

　　秦始皇嬴政是一位非常了不起的人物。他心怀统一六国的宏伟目标，然而这个目标犹如一座巍峨的高山，看似难以攀登。但嬴政极具智慧，他巧妙地将这个宏大目标拆解成一个个具体的小目标。首先，他精心制订了依次灭掉六国的详细计划。从公元前230年起，嬴政果断派出军队，成功灭韩，打响了统一六国的第一仗。随后，秦军势如破竹，陆续攻克赵国、魏国、楚国、燕国和齐国。在这个过程中，嬴政始终坚定地朝着目标迈进，一步一个脚印。最终，他通过逐步击破六国，圆满完成了统一大业。

① 将大任务分解成小目标，给每个小目标设定明确的时间节点。

② 把控时间，逐个完成阶段目标，提高专注力和效率。

③ 适当地给予自己阶段性奖励，保持动力。

面对一项复杂的任务，你应该如何做？

A. 等到最后一刻才开始，通宵赶工

B. 立即开始，但不做任何计划，随心所欲地做

C. 制订详细的计划，分阶段完成，每个阶段设定明确的目标和时间节点

制订详尽计划——步步为营，循序渐进

俗话说"磨刀不误砍柴工"，小雨向来细心而且做事很有条理。新学期刚刚开始，小雨就忙着为整个学期制订学习计划了。她把这个学期的学习内容全部按照科目和自己接受的难易程度，划分成了若干个小任务，并针对每个月，甚至每周，设定了具体预习和复习任务。除此之外，她还给自己预留出进行课外阅读和完成兴趣作业的时间。期中考试后，小雨的成绩进步神速，老师特意让小雨分享了自己的学习经验。小雨的分享引来了同学们的掌声，这让他们懂得了只要有合理的计划，再步步为营，循序渐进、按照计划坚持下去，就一定会有成效。

学习计划

一	作息时间	早晨6点50分起床，坚持午睡，晚上10点半前睡觉
二	朗读	朗读或听读英语
	练字	每天练一课
	假作业	每天做3—5页
	单词	每天练一课英语单词

眼界小·课堂

老师，为什么我每次都想好好学习，但总是感觉手忙脚乱，没有方向呢？

别着急，玲玲。这可能是因为你的学习规划不够合理，或者没有循序渐进地坚持执行。

老师，那怎样才能制订一个好的学习计划呢？

制订学习计划时，要根据自身的情况，根据任务的难易程度列出详细具体的规划。还要学会管理时间，按部就班地进行，不要仅仅根据个人的喜好取舍。其实，学习与做事都可以用这个方法。

总结

　　做事要有详尽的规划，循序渐进地执行，这样才能提高效率，达成目标。每项计划都应该有时间限制和衡量标准，这样才能更清晰地了解计划的完成度。

步步为营

　　三国时期，刘备派大将黄忠进攻汉中，夺取曹操大将夏侯渊守卫的定军山。黄忠率军多次挑战，但夏侯渊死守不出，黄忠一时拿他没有办法，只能扎起营寨和他隔空对峙。

　　为了拿下定军山，黄忠采纳了法正引诱夏侯渊前来交战的建议。于是，黄忠先激励将士，让他们有了和敌人拼死一战的决心。然后，黄忠率兵向敌军前进，每隔一段路就驻扎军营，休整后再次前进，这样步步为营，稳扎稳打，一点一点地向定军山靠近。夏侯渊不听手下劝阻，派夏侯尚出战，结果被黄忠生擒。最终，黄忠夺取了定军山西面的高山，利用有利地形，斩杀了夏侯渊。

❶ 制订详尽的计划，按照计划循序渐进地执行，逐步提升难度，保持良好的节奏。

❷ 定期检查计划执行的效果，评估计划完善程度，及时补充和修正计划。

❸ 保持耐心和恒心，遇到困难不轻易放弃，持续努力直至达成目标。

在学习新知识时，你应该如何安排学习计划？

A. 一口气学完所有知识内容，再慢慢消化

B. 随意翻阅，没有固定计划

C. 制订详尽的学习计划，分阶段学习，每天完成一部分

做好时间管理——勤奋自律，有条不紊

兰兰是班里的学习委员，同学们都很佩服她。因为她不仅学习成绩好，做事还特别自律。

每天清晨，当别人还赖在床上的时候，兰兰已经按照昨晚规划好的时间表开始了一天的学习和生活。她每天都坚持晨读，几年之中从没有间断过。别的同学还在慢悠悠地吃早餐的时候，兰兰已经赶往学校，开始预习当天的课程了。放学后，兰兰依旧没有放松，她先完成老师布置的家庭作业，然后再进行课后复习和课外阅读，最后才是留给自己兴趣爱好的时间。就连周末也安排得井井有条，她的学习成绩总是名列前茅，老师也夸她是个"时间管理大师"。

老师，为什么别人学习效率很高，而我却坚持不下去呢？

自律和时间管理是两大法宝。自律是坚持学习的动力，而合理规划时间，是提高学习效率的方法。

怎么才能做到自律和合理规划时间呢？

自律是自我约束的能力，它的前提是有明确的目标与计划，还要学会抵制各种诱惑，比如好玩的游戏、好吃的零食等等。然后就是总结高效的时间管理方法，并按其执行，当这些做法渐渐成为习惯之后，坚持就不再那么困难了。

总结

做好时间管理，勤奋自律是提升学习效率、实现目标的关键。通过合理规划时间、培养良好习惯并坚持执行计划，我们就可以更好地掌控自己的生活和学习了。

闻鸡起舞

　　东晋时期，有位名叫祖逖的著名将领，他年轻时就立志学好本领报效国家。祖逖与刘琨同为司州主簿，二人情谊深厚，常盖一床被子同榻共寝。一天半夜时分，鸡叫声传来，祖逖轻轻踢醒刘琨，说："这并非不祥之声。"然后，两人一同来到院子里练习剑法。月光下，两人的身影矫健而坚定，随着一次次剑光挥舞，空气似乎都被点燃了激情。无论春夏秋冬，他们都持之以恒，刻苦锻炼。后来，他们终于成为能文能武的著名将领，为收复北方竭尽全力，做出了各自的贡献。"闻鸡起舞"的故事激励人们珍惜时光，及时奋起。只有勇于追求梦想，勤奋自律并且肯坚持的人，才能获得真正的成功。

1. 制订实际可行的学习计划，并设定明确的学习目标。
2. 培养良好的学习习惯，如定时复习、专注学习等。
3. 学会抵制诱惑，坚持执行计划，珍惜每一分、每一秒。

兰兰，咱们去玩过家家吧，我妈妈给我买了新娃娃。

现在不行，等我复习完咱们再玩吧。

以下哪种行为做到了合理利用时间？

A. 每天晚上熬夜玩游戏，直到困倦才睡觉

B. 制订详细的学习计划，并按计划执行

C. 随意安排时间，没有明确的学习目标

开始就要坚持到底——不达目标，绝不放弃

　　小杰从小就对跑步情有独钟，跑步让他拥有健康的体魄，也培养了他坚毅的性格。每天清晨，无论是阴雨绵绵还是寒风凛冽，小杰都坚持锻炼，不断挑战自己的极限。小杰还积极参加各种比赛活动，为的是让自己积累更多的经验，让自己的眼界更宽。每次当他感到疲惫、想要放弃的时候，他就会暗暗地告诫自己："一旦开始，就要坚持到底，绝对不能放弃！"不久，小杰在学校举办的越野比赛中取得了冠军。在得到奖牌的那一刻，他不光体会到了坚持带给自己的改变，也悄悄有了更大的梦想——获得一枚奥运奖牌。

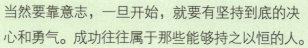

老师，怎样做才能让学习计划不半途而废呢？

当然要靠意志，一旦开始，就要有坚持到底的决心和勇气。成功往往属于那些能够持之以恒的人。

那怎样才能成为一个有意志力的人呢？

首先，心中要有坚定的目标；同时，要保持积极的心态，这也是培养意志力的关键。虽然"坚持"说起来很简单，但想要做到还是需要经过不停地磨炼，这样才能获得强大的意志，甚至还要做到不怕失败，敢于从头再来。

总结

坚持到底需要强大的意志力作为支撑，通过设定目标、积极面对挑战并持续努力，我们才可以逐渐培养起这种品质。

马拉松的起源

马拉松运动源于公元前490年的一场战役。当时，雅典军队在马拉松平原战胜了企图入侵雅典的波斯军队。为了让远在雅典的父老乡亲早些知道胜利的消息，雅典军队的将领决定派遣一名信使赶回家乡报信。

当信使接到命令后，他便立刻马不停蹄地跑向雅典。尽管一路下来他早已体力不支，但却凭借坚强的意志坚持到了最后。当信使跑到城镇广场上时，他高举双手高喊着："胜利了！"随后便倒了下去，永远地闭上了眼睛。

人们为了纪念这场战争的胜利和信使顽强的精神，开创了马拉松这一项目，并成为全球最受追捧的大型体育项目之一。

❶ 面对困难和挑战时，保持积极的心态，要有不放弃努力的信念。

❷ "失败是成功之母"，不畏惧失败、敢于从头再来也是一种坚持。

在学习中，如果遇到难题无法进展下去，该怎么办？

A. 立即放弃，认为自己不适合学习这项技能

B. 寻求帮助，坚持不懈地努力，直到掌握

C. 抱怨环境或他人，把责任推给别人

眼界
带来灵感

眼界越宽，
越能激发能力

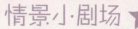

情景小·剧场 ★

眼界激发创意——创新就是进步的动力

聪聪是个"小小发明家"，她对科学知识非常痴迷。周末她也会泡在图书馆里，翻阅那些跟科技相关的书籍，书中全是各式各样的发明创造。她也善于思考和观察，有次偶然看到的一篇关于环保小发明的文章，让她受到了启迪。于是，她查阅各种资料，利用各种环保材料，独立设计并制造出一个集收集和过滤等功能于一体的"雨水循环利用系统"。这一发明还获得了专利，并在学校的科技节上获得了大奖。

聪聪不仅收获了荣誉，积累了很多科技知识，还开阔了眼界。更重要的是，这件事激发了同学们对环保和创新的热情，越来越多的同学开始参与进来。

老师，发明创造为什么这么重要呢？

玲玲，发明创造是推动社会进步的重要力量。它不仅能够解决我们生活中的难题，提高生活质量，还能推动科技进步，拓宽人类的认知边界。每一项发明都是人类智慧的结晶，它让我们的世界变得更加丰富多彩。

哦，我明白了！那我们怎样才能成为小小发明家呢？

要成为小小发明家，首先要培养好奇心和观察力，多思考生活中的问题。其次，要勇于尝试，不怕失败。最重要的是，要不断学习新知识，拓宽自己的视野，这样才能有源源不断的创新灵感。

总结

　　发明创造需要好奇心、观察力、勇于尝试的精神以及持续学习的态度。可以多阅读古今中外科学家的故事，看看他们是怎样创造性地解决问题并获得成功的。

阿基米德与浮力

　　古希腊有一位伟大的学者名叫阿基米德。有一次，国王让他鉴别王冠是不是由纯金制作的，还特意交代不能破坏王冠。阿基米德为了破解难题，开始查找各种资料，冥思苦想，但一直没有收获。一天，他正在洗澡时，忽然注意到进入浴桶时，水会随着身体的浸入而溢出，这一现象给了他灵感，他意识到可以用测定物体在水中排水量的办法，来确定王冠的含金量。他把王冠和同等重量的金块分别放入水盆里，发现放王冠的盆里溢出来的水比另一盆要多。这就说明王冠的体积比相同重量的纯金的体积大，从而证明了王冠里掺进了其他金属。阿基米德据此还发现了浮力定律。

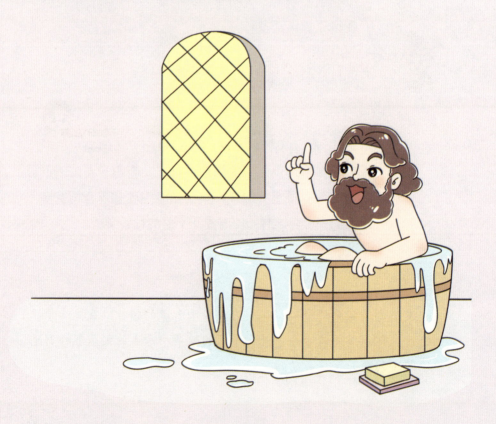

① 保持好奇心，观察生活中的细节，寻找可以改进的地方。

② 勇于尝试，面对失败不气馁，从失败中吸取教训。

③ 持续学习，拓宽知识面，为创新打下坚实的基础。

关于培养创意小·发明或小·制作的兴趣，你认为以下哪个观点是对的？

A. 仅限于个人兴趣爱好的满足，对社会无大影响

B. 激发个人潜能，推动社会进步与发展

C. 浪费资源，不利于可持续发展

113

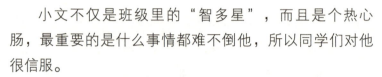

问题解决大师——知识是解开难题的密码

小文不仅是班级里的"智多星"，而且是个热心肠，最重要的是什么事情都难不倒他，所以同学们对他很信服。

有一天，小文和一群小伙伴在操场踢球的时候，一不小心，球被踢进一棵老槐树树根旁的洞里去了。同伴们趴在洞口伸手摸不到球，把棍子伸到洞里拨球也够不到。这时，小文想出了个好办法，可以把水灌入洞中，让球浮出来。于是大家飞快地跑回教室，有的端来洗脸盆，有的提来小水桶，从游泳池取来水倒进洞里。不一会儿，洞被水灌满了，皮球便从洞底浮了上来。小伙伴们连连夸奖小文具有聪明的头脑和解决问题的能力。

好厉害啊！

铃铃，在团队中，什么样的人最让你佩服？

那当然是能帮我解决问题的人。

你说得没错，要想在团队中脱颖而出，成为大家信服的领导者，就要具备解决问题的能力。想做到这一点也不难，除了要积累各种知识，还要培养自己思考和归纳总结的能力，并且能够举一反三，这样就可以成为人人佩服的"难不倒"了。

总结

在团队中，拥有解决问题的能力的人才是核心，他能引领大家走出困局，通往成功。这样的人往往都有开阔的眼界，他们看待事情的角度常常与众不同，所以往往会展现出惊人的能力。

曹冲称象

曹冲是三国时期曹操的儿子，他聪明伶俐，年纪很小时就有常人无法比及的解决问题的能力。一次，东吴派人送来一头大象，大家都好奇它到底有多重，但是却想不出好办法。此时，曹冲灵机一动，提出一个巧妙的方案：他让人把大象牵到大船上，然后在船舷上标记了水位线。接着，他让人把大象牵下船，然后往船上装石块，直到水位线与船上的标记重合。这样，只需称出这些石块的重量，就可以知道大象的体重了。曹冲虽然年纪很小，却有着令人惊叹的创造力，这不仅因为他聪明，更源于他对知识的积累和对生活的细致观察。

① 注意观察，热爱学习，平时多积累各种知识，丰富自己的见闻。

② 遇事冷静、从不同角度思考问题、转变思维往往能获得意想不到的效果。

③ 充分利用资源，善于利用集体的力量也是一种解决问题的智慧。

如果你的团队正在做的科技小·制作项目遇到问题而受阻，你应该怎么做？

A. 放弃这个难题，转而处理其他更容易的任务

B. 独自深入研究，试图找到解决方案

C. 召集团队成员，共同讨论可能的解决方案，并尝试不同的方法

D. 责怪团队其他成员没有能力，导致项目陷入困境

造就经商奇才——眼光是获取财富的钥匙

　　小千和同学在暑假售卖果汁赚到一点钱以后，对商业界的传奇故事充满向往。她每天都看财经新闻，也喜欢阅读那些经商名人的传记和创业致富的故事。

　　一天，她偶然看到一则关于创造财富的新闻，深受启发。她找来班里的几个要好的同学，大家商量之后一致决定建设一个校内的二手物品交易平台。老师听说后非常支持他们，还给他们申请了免费的校内服务器。经过精心的准备之后，他们的平台终于上线了，很快就引起了大家的关注。同学们纷纷出售自己的闲置旧物品，交易十分火爆。大家对这个平台交口称赞，小千也成了学校的"创业明星"。

这个二手物品交易平台一定会火的，我们也做一个怎么样？

好，我们相信你的眼光，咱们一起加油！

老师，为什么说"眼光是获取财富的钥匙"呢？

只有拥有敏锐的眼光，才能发现潜在的商机，预测市场趋势，从而做出正确的决策。这就像是一把钥匙，能够打开财富的大门。

那我们应该怎么培养敏锐的眼光呢？

首先要打开自己的眼界，多读书、多思考、多实践是培养敏锐眼光的有效途径。同时，保持好奇心，这样才能不断发现新的机会和挑战。我们身边并不缺少财富，而是缺少发现财富的梦想和眼光。

总结

要想拥有独具洞察力的经商眼光，一定要具备缜密的思考能力与果敢的决策力。纸上得来终觉浅，我们要多学习、多实践，才可以提升我们的眼界，拥有更高的眼光，从而发现更多的财富机会。

窦乂（yì）买坑

　　相传唐朝时，有个叫窦乂的商人，他十分有经商头脑，往往能抓住被别人忽略的机遇，从而创造财富。一次，他用很低的价格在都城长安买了一块洼地。当地居民向来把这块洼地当作垃圾场，人人嫌弃。然而，在窦乂眼中，这可是一块"宝地"。为了用最低的成本把洼地填平，他想了一个绝妙的主意。窦乂在洼地中插上小旗子，并告诉周围的孩子："用石子瓦砾丢棋子，凡是丢中旗子的人，就可以得到一份食物。"消失一经传开，引得很多孩子前来"挑战"，洼地也很快被孩子们投的瓦砾填平了。

　　后来，窦乂在这块地上盖起二十多间商铺，他又将这些商铺全部租出去。租金让他赚得盆满钵满。后来，这个地方被称为"窦家店"，还成了一处繁华的闹市。

❶ 学会从日常生活中发现不同寻常的细节，思考其背后的原因和可能的影响，从而培养敏锐的观察力。

❷ 面对复杂的信息和数据，学会筛选、整合和评估，提升分析和判断能力，从而做出明智的决策。

在逛街时，你发现一家新开的店铺生意非常火爆，你会怎么做？

A. 直接忽略，继续前行

B. 停下来观察，思考这家店为什么受欢迎

C. 进去消费，但不考虑其背后的原因